湖北省博物館

HUBEI PROVINCIAL MUSEUM

湖北省博物馆少儿绘本丛书

博物馆里的节日

清明节

主编 钱 红

WUHAN UNIVERSITY PRESS

武汉大学出版社

前 言

越来越多的小朋友走进博物馆，爱上博物馆，爱上博物馆里的文物故事。为此，我们精心打造了《博物馆里的节日》，将14个传统节日、7个公历节日，分别与湖北省博物馆里的21件文物瑰宝链接起来。我们精心设计了湖北省博物馆的文物守护精灵“北北”，还有她的好朋友“湖湖”，让他们带着大家一起穿越时光，了解每个节日的由来；体验每个传统节日的习俗，这些习俗都是中华民族在漫长的历史长河中不断凝聚的宝贵财富，值得我们传承；配上了与文物相关的成语故事、神话故事或历史故事；设置了有趣的“互动问答”，让小朋友在轻松愉快的氛围中学习科普知识。小朋友还可以邀请家长扫描书中的二维码，拓展更广阔的“悦读”空间，了解更多的传统文化，让先民留给我们的精神财富得以传承和弘扬。

钱红

2022年11月

春节
元宵节
除夕
小年
腊八节
冬至
重阳节

龙抬头

花朝节

上巳节

清明节

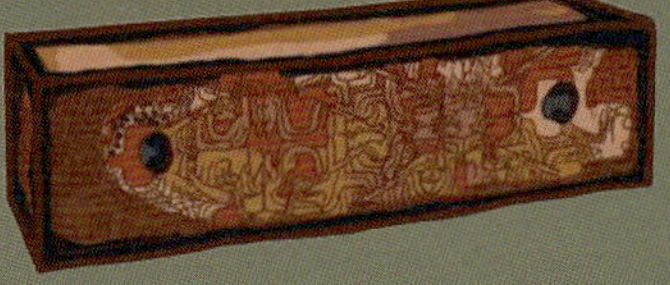

中秋节

端午节

七夕节

你好！我叫北北，是湖北省博物馆的文物守护精灵。我可以穿梭时光，带你体验不一样的博物馆节日氛围。旁边是我的好朋友——湖湖。

我们都喜欢湖北省博物馆里的文物，也喜欢听文物背后的故事！这些故事和我们传统节日也有关哦！

梨花风起正清明

——清明

清明
（唐）杜牧
清明时节雨纷纷，路上行人欲断魂。
借问酒家何处有，牧童遥指杏花村。
请问哪里可以买酒呀？
前面有一处杏花村。

杏花村是什么样的地方呢？

节日由来

清明是我国二十四节气之一，在阳历四月五日前后。这时气温升高，雨量渐增，是春耕春种的大好时节。民间有“清明前后，种瓜点豆”的谚语。

清明时节，各地农民抢抓农时，忙着农事劳作，田间地头一派春耕图景。
节日由来知识拓展

节日习俗

清明节前后，除祭祖扫墓、踏青、放风筝之外，人们还会“蹴鞠”和插柳。

放风筝
嘿嘿，真好玩。

蹴鞠

“蹴”是用脚踢；“鞠”是皮制的球。球内用毛塞紧。“蹴鞠”是我国一项古老的运动，类似今天的踢足球。

插柳

此时杨柳发芽抽绿，民间有戴柳、插柳辟邪的习俗。

文物链接

龙凤纹漆棺

1986 年出土于湖北荆门，距今 2300 余年。漆棺装饰极具特色，色彩艳丽，用红、黄漆和金、银粉彩描绘出栩栩如生的龙凤纹。

文物知识拓展

成语故事

盖棺定论：是指一个人的是非功过到死后才能做出结论。

互动问答

大家是不是对清明节有了一些了解呢？现在来和我一起看看后面的题目吧。

1. 蹴鞠起源于春秋战国时期的齐国故都临淄，类似今天的（ ）。

A. 拍皮球　B. 放风筝　C. 打篮球　D. 踢足球

2. 请爸爸妈妈扫码讲述一下介子推与寒食节的故事吧！

3. 拿起画笔，绘制一个风筝。

答案

图书在版编目(CIP)数据

博物馆里的节日.清明节/钱红主编.—武汉:武汉大学出版社,2023.5
湖北省博物馆少儿绘本丛书
ISBN 978-7-307-23746-9

Ⅰ.博…　Ⅱ.钱…　Ⅲ.节日—风俗习惯—中国—少儿读物　Ⅳ.K892.1-49

中国国家版本馆 CIP 数据核字(2023)第 078616 号

责任编辑:李　玚　　责任校对:李孟潇　　装帧设计:何家辉　易琴菲

出版发行:**武汉大学出版社**　(430072　武昌　珞珈山)
(电子邮箱:whu_publish@163.com)
印刷:武汉市金港彩印有限公司
开本:880×1230　1/16　印张:25　字数:157 千字
版次:2023 年 5 月第 1 版　　2023 年 5 月第 1 次印刷
ISBN 978-7-307-23746-9　　定价:298.00 元(全 15 册)
